Bowls Kochbuch

Lisa Reisenbacher

Schnelle und einfache Rezepte für eine gesunde Ernährung. Buddha Bowls, Poke Bowls, Smoothie Bowls, Vegane Bowls und vieles mehr

Einleitung – Alles rund um Bowls

Vorwort

Bowls sind nicht nur bunt, sondern schmecken auch noch gut und enthalten durch die frischen Zutaten einen hohen Nährstoffgehalt. Momentan sind die Bowls in den USA ein echter Trend. Durch die verschiedensten Plattformen werden sie aber auch hierzulande sehr beliebt. Hübsche Bilder lassen einen glauben, dass es unmöglich sei, eine Bowl selbst anzurichten. Lasse dich davon nicht täuschen, denn es ist einfacher als du denkst. Es gibt nur einige wenige Faustregeln, die man beachten muss, denn ansonsten sind den Kreationen keine Grenzen gesetzt. Der Vorteil von Bowls ist, dass man nicht nur hochwertige Lebensmittel verwenden muss, sondern auch aus Resten etwas zaubern kann. Erlaubt ist alles, was einem schmeckt.

In vielen asiatischen Ländern wird aus runden Schüsseln gegessen. In Japan, Vietnam und Korea gehören Nudel- und Reisschalen zum Alltag. Durch die runde Form vereinen sich die Zutaten und es entsteht ein harmonisches Gesamtbild. Der Tag kann entweder mit einer süßen oder einer herzhaften Variante beginnen. Zum Mittag- und Abendessen bevorzugen viele eine vegetarische-Bowl, eine Reis-Bowl oder eine Salat-Bowl. In diesem Buch findest du leckere Rezepte, die dich inspirieren sollen, deine eigene Kreation auszuprobieren. Außerdem erfährst du, woher die Bowls stammen und was es mit ihnen auf sich hat

Welche Arten von Bowls gibt es?

Buddha-Bowl

Die bekannteste Bowl-Variante ist wohl die Buddha Bowl. Traditionell stammt sie aus dem Buddhismus und ist vegetarisch. Die Chinesen begannen dann aus den klassischen Buddha Bowls eine Fleischvariante zu entwickeln. Dann schwappte es nach Amerika rüber und wurde zu einem Trend, der auch langsam nach Europa kommt. Die Bowls aus dem Internet haben jedoch wenig mit den „echten buddhistischen" Bowls gemeinsam. Zutaten wie Algen, Sprossen, Avocado oder Grünkohl gibt es so im Kloster nicht. Nichtsdestotrotz sind Buddha Bowls sehr beliebt und werden auch in Restaurants angeboten.

Acai-Bowl

Acai Bowls sind süße Varianten, die man gut zum Frühstück essen kann. Ihr Name bekommt die Bowl aus der Acaibeere, die einen hohen Vitamin C Gehalt aufweist und reich an Mineralstoffen und Antioxidantien ist. Klassisch besteht diese Bowl aus verschiedenen Obstsorten, etwas Milch und Süßungsmittel. Hinzu kommen dann verschiedene Toppings nach Wahl. Grundsätzlich ist die Acai Bowl vegan, da sie nur aus reinem Obstmus besteht.

Poke-Bowl

In Hawaii gibt es das Nationalgericht „Poke", dass mit rohem Fisch serviert wird. Dafür kommt der Fisch als Tatar mit etwas Salat in die Schüssel. Die Hawaiianer verwenden gerne Zutaten wie Algen, Avocado, Mango und Sesam. Als Dressing wird standardgemäß Sojasauce verwendet. Poke Bowls kurbeln den Stoffwechsel an und halten lange satt. Man kann sie nach Belieben zusammenstellen und verschiedene Dressings ausprobieren.

Was genau ist eine Buddha Bowl?

Buddha Bowls sind Schalen in denen vegetarische oder auch Fleischgerichte serviert werden. Sie erinnern einen an den satten und gemütlichen Bauch eines Buddhas. Die Schüssel wird mit den Lebensmitteln gefüllt, die man mag. Das können Nüsse, Salat, Kartoffeln, Reis oder Bohnen sein. Auch süßes Obst wie Bananen, Äpfel, Trauben und Mandarinen passen hinein. Eine Buddha Bowl ist schnell gemacht, schmeckt lecker und sieht auch noch gut aus. Die Gerichte werden normal mit Gewürzen gewürzt und mit Ölen, Saucen oder Dressings getoppt. Man kann sie warm oder auch kalt essen. Die Bowls werden meist immer nach einem bestimmten Prinzip angerichtet. Zuerst kommt eine Basis hinein z.B. Salatblätter, dann Reis und auf dem Reis werden im Uhrzeigersinn Gemüse und Fleisch verteilt. Nun kann man noch etwas frische Kräuter oder gehackte Nüsse drüberstreuen. Um die Bowl geschmacklich abzurunden, bekommt sie noch ein Dressing drüber gegossen.

Woher stammt das Konzept?

Das Konzept „Buddha Bowl" stammt aus dem Kloster, genauer gesagt aus dem Zen Buddhismus. Die Mönche dort nehmen ihr Essen gemeinsam und in absoluter Stille ein. Diese meditative Ernährungsweise wird auch *Ōryōki* genannt. Hinzu kommt, dass nur so viel gegessen wird, um gerade so den täglichen Bedarf zu decken. Dabei hat jeder Mönch seine eigene Schüssel, die er zu den Speisezeiten mit sich nimmt. Es gibt die Schüsseln in unterschiedlichen Größen. Die größte heißt *Zuhatsu* und ist bekannt als Buddha Bowl. Für die Mönche geht es um bewusstes Essen und maßvollen Genuss. Der Fokus wird auf die Vereinigung von Körper und Geist gelegt.

Für den ist die Buddha Bowl geeignet?

Buddha Bowls können sowohl schon Kinder als auch Erwachsene genießen. Jeder der Lust auf gutes Essen hat, kann sich eine Bowl zusammenstellen und sie genießen. Menschen, die etwas kränkeln profitieren besonders aus den vielen Nährstoffen. Sie werden schneller wieder fit und bekommen Energie. Durch den Vitaminschub kann sich ihr Immunsystem gegen die Krankheitserreger wehren. Berufstätige können sich ihre Buddha Bowl sogar in einer runden Tupperdose mitnehmen. Bei solch einem Anblick wird wohl jeder Arbeitskollege neidisch sein. Die gesunden Lebensmittel sorgen dafür, dass man kein Mittagstief hat und auf der Arbeit leistungsfähiger wird. Für Kinder kann man kleinere Schüsseln verwenden, die man dann schön zum Frühstück dekoriert. Für Süßmäuler bereitet man am besten eine Smoothie Bowl aus Früchten und Granola zu. Sportler brauchen viel Protein und können sich dementsprechend ihre Schüssel zubereiten. Der Kreativität sind keine Grenzen gesetzt. Erlaubt ist was gesund ist und satt macht.

Welche Schüsseln verwendet man?

Schüsseln und Schalen gibt es wie Sand am Meer, doch welche verwendet man für eine Buddha Bowl? Das Auge isst mit, sagt man so schön, daher will niemand eine einfache, alte Suppenschüssel vor sich liegen haben. Beliebt sind Kokosnuss Schalen, Schüsseln aus Bambus, Schüsseln aus Keramik und Schüsseln mit einem Deckel zum Mitnehmen. Keramik Schüsseln gibt es in verschiedenen Farben und Mustern. Wichtig ist das alles Mikrowellen tauglich und Spülmaschinenfest ist. Kokosnussschalen kann man mit der Hand auswaschen. Man sollte sie ab und zu mit Kokosöl einfetten damit sie länger haltbar bleiben. Bambusschalen lassen sich problemlos in die Spülmaschine mit reinlegen.

Vorteile der Buddha Bowl

Vorteil Nr. 1: Buddha Bowls sind gesund

Da Buddha Bowls nur aus frischen und nährstoffhaltigen Lebensmitteln bestehen, sind sie gesund. Eine Schüssel liefert dem Körper Kohlenhydrate, Fette, Proteine und Vitamine.

Vorteil Nr. 2: Buddha Bowls sind immer vielfältig

Egal ob man eine gelbe, grüne oder bunte Bowl möchte. Jeder darf sich dabei austoben und verschiedene Lebensmittel miteinander kombinieren. Keine Schüssel gleicht der anderen. Wer gerne saisonale Produkte einkauft, kann sich auch danach richten. Im Sommer passen dann Spargel, Erdbeeren und Tomaten in die Bowl und im Winter Rosenkohl, Wirsing oder Pastinaken. Obstliebhaber profitieren von süßen Früchten, die mit Quark und Haferflocken angerichtet werden können.

Vorteil Nr. 3: Lebensmittelreste lassen sich gut verwerten

Viel zu oft werden Lebensmittel weggeschmissen, weil sie zu lange im Kühlschrank lagen oder bereits überfällig sind. Wenn du Pasta oder Reis vom Vormittag noch stehen hast, kannst du das gut mit frischen Sachen kombinieren. Auch ein hart gekochtes Ei vom Frühstück lässt sich noch am nächsten Tag in die Bowl mit reinnehmen. Es muss also nichts weggeschmissen werden und man bekommt ein besseres Gewissen, wenn man die Lebensmittel noch verwenden kann.

Vorteil Nr. 4: Das Auge isst mit

Man muss es einfach aussprechen: Buddha Bowls sehen gut und gleichzeitig lecker aus. Optisch gesehen punkten sie vollkommen. Je bunter eine Bowl ist, desto mehr Appetit bekommt man. Kinder neigen eher zu bunten und kreativen Sachen, anstatt zu eintönigen. Daher ist es einfacher einem Kind gesunde Lebensmittel in Form einer Buddha Bowl unterzujubeln, anstatt das Gemüse und Obst roh auf einem Tellerchen zu servieren.

Vorteil Nr. 5: Buddha Bowls passen zu jeder Ernährungsform

Egal ob du Veganer, Vegetarier oder Fleischesser bist, Buddha Bowls passen einfach zu jeder Ernährungsform. Man kann sie zusammenstellen, wie man sie grade braucht. Bei sportlichen Tagen erhöht man das Protein, bei Erkältung die Vitamine und bei besonders stressigen Tagen die Kohlenhydrate. Auch clean Eater kommen nicht zu kurz und können sich ihre Bowl frisch zubereiten.

Einige nützliche Informationen

Da viele Zutaten für die nachfolgenden Rezepte eher außergewöhnlich sind, haben wir hier eine kleine Liste mit Erklärungen für verschiedene Zutaten erstellt. Wir hoffen, dass diese Liste dir hilft und du es schaffst deinen Horizont bezüglich des Kochens zu erweitern, denn es gibt so viele unterschiedliche Küchen und jede hat ihre ganz besonderen typischen Zutaten.

Edamame: Die Edamame ist eine grüne unreif geerntete Sojabohne. Sie ist bekannt für ihren hohen Proteingehalt und wird oft in asiatischen Restaurants als Vorspeise angeboten.

Granola: Granola ist nichts anderes als ein Knuspermüsli, das meist aus Haferflocken besteht, welche mit Honig, Zucker oder anderen Süßungsmitteln gebacken werden.

Harissa: Harissa ist eine Gewürzpaste, die aus frischen Chilis, Koriandersamen, Knoblauch, Salz, Olivenöl und Kreuzkümmel hergestellt wird.

Hummus: Hummus ist eine Creme aus Kichererbsen, Olivenöl, Tahini (Sesampaste), verschiedenen Gewürzen, Knoblauch und einem Schuss frisch gepresster Zitrone.

Mirin: Mirin ist ein eher süßer Reiswein aus der japanischen Küche.

Sobanudeln: Die Sobanudel ist eine aus Buchweizen hergestellte Nudel und kommt aus der japanischen Küche.

Tahin/Tahini: Tahin oder auch Tahini genannt, ist eine Paste, die aus feingemahlenen Sesamkörnern hergestellt wird.

Was kommt in eine Buddha Bowl?

Die Aufgabe einer Buddha Bowl ist es nicht nur gut auszusehen, sondern den Körper mit wichtigen Nährstoffen zu versorgen. Dabei spielt es keine Rolle, ob sie vegan, vegetarisch oder mit Fleisch ist. Man kann warme mit kalten Bestandteilen zusammenmixen oder sich für eine Variante entscheiden. Was es zu beachten gibt, ist der Grundaufbau aus Proteinen, Kohlenhydraten, Gemüse, Obst und guten Fetten. Dabei sieht es wie folgt aus:

10 % Salatbasis	Feldsalat, Spinat, Grünkohl, Rucola, Mangold, Basilikum, Minze, Frühlingszwiebeln...
20 % Kohlenhydrate	Mais, Hirse, Quinoa, Süßkartoffeln, Amarant, Couscous, Reis...
20 % Gemüse	Paprika, Tomaten, Gurken, Brokkoli, Pilze, Zucchini, Rote Beete...
20 % Proteine	Eier, Kichererbsen, Fisch, Fleisch, Edamame, Linsen, Tofu, Bohnen, Hanfsamen...
15 % gesunde Fette	Nüsse, Avocado, Samen, gesunde Öle (Olivenöl, Kürbiskernöl, Leinsamenöl...
10 % Früchte	Birnen, Trauben, Mangos, Äpfel, Goji-Beeren, Erdbeeren, Blaubeeren, Himbeeren, Brombeeren, Kiwi...
5 % Topping	Feta, Hummus, Limettensaft, Granola, Sprossen, Sonnenblumenöl, Ziegenkäse...

Dressings kommen immer zum Schluss auf die Bowl. Das könnte Erdnuss-, Kokos oder Sesamöl sein. Wer mag erstellt sich eins aus Sojajoghurt und Gewürzen. Aber auch Tahini oder Essig passen hervorragend zur Buddha Bowl.

Lecker und gesund

Köstliche Bowls

Sowohl
süß als
auch
herzhaft

„Ich lege den Menschen immer ans Herz mutig zu sein und sich immer wieder neu auszuprobieren. Dies bezieht sich nicht nur auf das Reisen und die persönliche Weiterentwicklung, sondern auch auf die Küche und ihre großartige Vielfältigkeit. Und genau dies ist auch die Intention dieses Buches. Kochen ist vielmehr als lediglich eine Nahrungsversorgung. Kochen bedeutet Kreativität, Familie, Liebe und seiner Persönlichkeit freien Lauf lassen. Schließen Sie sich diesem Motto an."

„Kochen bedeutet für mich Freiheit, Familie und meinen Liebsten eine Freude zubereiten. Die verschiedenen Küchen bedeuten für mich das Austauschen verschiedener Kulturen. Dabei ist jede so besonders und einzigartig."

„Durch das Kochen kann ich meiner Fantasie und meiner Kreativität freien Lauf lassen. Ich kann abschalten und mich entspannen."

Speisekarte

Frühstücks Bowls

Blue Smoothie Bowl S.28

Breakfast Joghurt Bowl S.31

Mango Nuss Bowl S.29

Porridge Bowl S.36

Grüne Smoothie Bowl S.27

Pinke Smoothie Bowl S.19

Energy Bowl

Portionen: 1 Vorbereitung: 2 min Zubereitung: 5 min

Zutaten

50 ml Kokosmilch
50 g Erdbeeren
100 g TK Ananas
1 EL Honig

50 ml Wasser
30 g Heidelbeeren

Topping:
10 g Kokoschips
50 g Erdbeeren
½ Banane
20 g Granola
20 g Heidelbeeren

Zubereitung

1. Kokosmilch, Heidelbeeren, Honig, Wasser, Ananas und Erdbeeren in den Mixer geben und pürieren. Den Smoothie dann in eine Schüssel füllen.
2. Die Zutaten für das Topping im Uhrzeigersinn auf der Bowl verteilen und genießen.

Superfood Bowl

Portionen: 1 Vorbereitung: 2 min Zubereitung: 5 min

Zutaten

¼ Kaki
2 EL Haferflocken
200 g griechischer Joghurt
¼ Granatapfel
4 Walnüsse
1 Handvoll
Sanddornbeeren
½ Banane

Zubereitung

1. Joghurt in eine Schüssel füllen. Haferflocken zugeben und vermischen.
2. Banane halbieren, schälen und in Scheiben schneiden. Granatapfel vierteln und die Kerne lösen. Die Walnüsse hacken. Kaki vierteln und klein schneiden.
3. Dann den Joghurt im Uhrzeigersinn mit dem Obst und den Walnüssen toppen. Wer es etwas süßer mag, fügt einfach etwas Honig oder Agavendicksaft hinzu.

Rührei Bowl mit Gurken und Avocado

Portionen: 2 Vorbereitung: 5 min Zubereitung: 10 min

Zutaten

1 Avocado
4 Eier
100 g Räucherlachs
5 Kirschtomaten
1 TL Kokosöl
¼ Salatgurke
1 Frühlingszwiebel
½ Limette
Salz

Zubereitung

1. Eier in einer Schüssel aufschlagen und mit Salz verrühren.
2. Dann eine Pfanne mit Kokosöl erhitzen und darin die Eier für 5 Minuten stocken lassen. Zwischendurch immer mal wieder umrühren.
3. Gurke schälen, in Streifen schneiden und würfeln. Avocado schälen und ebenfalls würfeln. Beides in eine Schüssel geben, mit etwas Salz abschmecken und mit Limettensaft beträufeln.
4. Kirschtomaten waschen und halbieren. Frühlingszwiebel waschen und in Ringe schneiden.
5. Nun die Zutaten, inklusive Räucherlachs, auf zwei Schüsseln hübsch anrichten und servieren.

Pinke Smoothie Bowl

Portionen: 2 Vorbereitung: 1h Zubereitung: 10 min

Zutaten

1 Banane
50 g Himbeeren
50 g Brombeeren
50 g Johannisbeeren
50 g Heidelbeeren
2 EL Honig
100 g Granola
150 g Naturjoghurt
100 Erdbeeren

Zubereitung

1. Die Beeren verlesen, auf einen flachen Teller geben und für 1 Stunde im Gefrierfach kühlen lassen.
2. Erdbeeren waschen und klein schneiden. Banane schälen und in Scheiben schneiden. Dann den Joghurt, Erdbeere, Banane und Honig in einen Mixer geben und pürieren.
3. Das Püree auf 2 Schüsseln verteilen und mit den gefrorenen Beeren und dem Granola garnieren.

Spinat Bowl mit Obst

Portionen: 2 Vorbereitung: 2 min Zubereitung: 15 min

Z u t a t e n

1 Zitronen
125 g Baby Spinat
2 Bananen
1 Avocados

2 Kiwis
40 g Heidelbeeren
40 g Magerquark
Etwas Honig

100 ml Milch
4 EL Granola
2 EL Chiasamen
2 EL Kokosraspeln

Z u b e r e i t u n g

1. Kiwis und Banane schälen und jeweils eine Hälfte in Scheiben schneiden und zur Seite legen. Die andere Hälfte in Stücke schneiden. Avocados schälen und grob klein schneiden. Spinat abbrausen. Zitrone pressen. Blaubeeren waschen.
2. Milch mit Bananenstücke in dem Mixer geben und pürieren. Spinat, Avocado, Quark, Zitronensaft und Kiwis zugeben und nochmal pürieren. Dann mit etwas Honig abschmecken und auf 4 Schüsseln verteilen.
3. Die Blaubeeren, Bananen,- und Kiwischeiben, Kokosraspeln, Granola und Chiasamen reihenweise auf der Smoothie Bowl verteilen und anschließend servieren.

Müsli Bowl mit Apfel

Portionen: 2 Vorbereitung: 2 min Zubereitung: 15 min

Zutaten

1 Apfel
20 g Walnusskerne
40 g Mandeln
2 EL Honig
4 EL TK Heidelbeeren
20 g Haselnüsse
40 g Haferflocken
¼ Zimtstange
300 g Naturjoghurt

Zubereitung

1. Den Backofen auf 180°C vorheizen. Die Nüsse hacken und mit Honig, Zimt und Haferflocken in einer Schüssel vermengen. Dann die Mischung auf einem Backpapier verteilen und für 10 Minuten im Ofen backen lassen.
2. Joghurt und Heidelbeeren in eine Schüssel geben und pürieren. Den Apfel waschen, halbieren, entkernen und klein schneiden.
3. Den Joghurt zum Schluss in Schüsseln anrichten und mit Apfelstücken und Granola toppen.

Frühstücks Bowl mit Spinat und Eiern

Portionen: 1 Vorbereitung: 2 min Zubereitung: 10 min

Zutaten

1 Handvoll Baby Spinat
2 Eier
¼ Salatgurke
½ Tomate
Etwas Salz
1 Vollkorntoastbrot

Zubereitung

1. Eier im Wasser für 6 Minuten kochen lassen. Anschließend abschrecken, pellen und vierteln.
2. Spinat waschen. Tomate und Gurke waschen und klein schneiden. Toastbrot toasten und würfeln.
3. Nun den Spinat in die Schüssel geben. Eier, Gurken, Tomaten und Toastwürfel im Uhrzeigersinn verteilen und etwas salzen.

Honigmelonen-Bowl

Portionen: 3 Vorbereitung: 2 min Zubereitung: 12 min

Zutaten

Etwas Salz
2 Kiwis
1 TL Kokosöl
300 g TK Mango
30 g Kokoschips
60 g Honig
30 g Cashewkerne
300 g Honigmelone
100 ml Kokosmilch

Zubereitung

1. Den Backofen auf 160°C vorheizen. Kokoschips, Kokosöl, Cashewkerne und etwas Salz vermischen und auf einem Backpapier verteilen. Für 8 Minuten backen lassen.
2. Melone in grobe Stücke schneiden. Kiwis schälen und eine Hälfte in Scheiben schneiden. Die andere Hälfte mit der Melone, Honig, Mango und Kokosmilch in einer Schüssel pürieren.
3. Dann das Püree auf drei Schüsseln verteilen und das Granola drüberstreuen. Mit den Kiwi Scheiben garnieren und servieren.

Herzhafte Frühstücks-Bowl

Portionen: 1 Vorbereitung: 2 min Zubereitung: 10 min

Z u t a t e n

1 TL Zitronensaft
1 Ei
1 EL Algentatar
1 EL Sprossen
½ Avocado
25 g Ziegenkäse
1 TL Miso
1 Scheibe Vollkornbrot
1 Handvoll Walnusskerne

Z u b e r e i t u n g

1. Das Ei für 4 Minuten kochen lassen. Anschließend abschrecken.
2. Das Brot Toasten und mit Miso bestreichen. Avocado schälen und in Scheiben schneiden. Dann die Zitrone auspressen und die Avocado damit beträufeln.
3. Nun die Avocado Scheiben in die Bowl geben. Das Ei pellen, klein schneiden und auf die Avocado verteilen. Die restlichen Zutaten im Uhrzeigersinn verteilen und gehnießen.

Quinoa Frühstücks-Bowl

Portionen: 2 Vorbereitung: 2 min Zubereitung: 25 min

Z u t a t e n

1 Avocado
2 Eier
Etwas Pinienkerne
Salz und Pfeffer
1 Pck. Räucherlachs
4 Radieschen
1 EL Olivenöl
Etwas Schnittlauch
150 g Quinoa

Z u b e r e i t u n g

1. Quinoa in Salzwasser für 20 Minuten kochen lassen.
2. Die Avocado schälen und klein schneiden. Dann mit etwas salz würzen.
3. Räucherlachs klein schneiden. Radieschen waschen und in Scheiben schneiden.
4. Die Eier für 6 Minuten kochen lassen und anschließend pellen und vierteln.
5. Die Quinoa mit Olivenöl beträufeln und in eine Schüssel geben.
6. Schnittlauch hacken.
7. Zum Schluss alle Zutaten auf der Quinoa Bowl verteilen und mit Schnittlauch garnieren.

Bunte Beeren Bowl

Portionen: 1 Vorbereitung: 2 min Zubereitung: 5 min

Zutaten

200 g gefrorene Beerenmischung
1 Banane
200 g Sojajoghurt
2 EL Haferflocken
4 TL Ahornsirup
Topping:
2 EL Heidelbeeren
1 Banane
1 TL Haferflocken
1 TL Chiasamen

Zubereitung

1. Beerenmischung, Banane, Joghurt, Haferflocken und Ahornsirup mixen.
2. Banane in Scheiben schneiden.
3. Die Zutaten für das Topping im Uhrzeigersinn auf der Bowl verteilen und genießen.

Grüne Smoothie Bowl

Portionen: 1 Vorbereitung: 2 min Zubereitung: 5 min

Z u t a t e n

½ Apfel
1 Banane
15 g Blattspinat
2 EL Haferflocke
30 ml Kokosmilch
Topping:
1 Kiwi
1 Banane
1 EL Mandelblättchen

Z u b e r e i t u n g

1. Alle Zutaten zu einer Masse mixen.
2. Die Kiwi und die Banane in Scheiben schneiden.
3. Die Zutaten für das Topping im Uhrzeigersinn auf der Bowl verteilen und genießen.

Blue Smoothie Bowl

Portionen: 1 Vorbereitung: 2 min Zubereitung: 5 min

Zutaten

2 gefrorene Bananen
1 Handvoll Heidelbeeren
200 ml Milch

Topping:
2 Erdbeeren
Heidelbeeren
1 EL Mandelblättchen

Zubereitung

1. Alle Zutaten Mixen und in eine Bowl geben.
2. Die Erdbeeren in Scheiben schneiden.
3. Die Zutaten für das Topping auf der Bowl verteilen.

Mango Nuss Bowl

Portionen: 2 Vorbereitung: 2 min Zubereitung: 5 min

Zutaten

1 Mango
80 ml Milch
20 g Walnüsse
150 g Joghurt Natur
75 g gefrorene Blaubeeren und Himbeeren

Topping:

1 Banane
Heidelbeeren
Chiasamen

Zubereitung

1. Alle Zutaten Mixen und in eine Bowl geben.
2. Die Banane in Scheiben schneiden.
3. Die Zutaten für das Topping auf der Bowl verteilen.

Frische Ananas Bowl

Portionen: 1 Vorbereitung: 2 min Zubereitung: 5 min

Zutaten

150 g gefrorene Ananas
100 ml Milch
2 Bananen
1 Mango

Topping:
Kokosraspeln
1 EL Granola
1 Banane
Heidelbeeren
1 EL Mandelblättchen

Zubereitung

1. Alle Zutaten Mixen und in eine Bowl geben.
2. Die Banane in Scheiben schneiden.
3. Die Zutaten für das Topping auf der Bowl verteilen.

Breakfast Joghurt Bowl

Portionen: 1 Vorbereitung: 2 min Zubereitung: 5 min

Zutaten

1 Zitrone
150 ml Milch
1 EL Ahornsirup
300 g Naturjoghurt

Topping:
Himbeeren
Heidelbeeren
Pistazien
1 EL Mandelblättchen

Zubereitung

1. Den Joghurt mit den restlichen Zutaten vermengen.
2. Das Obst waschen.
3. Die Zutaten für das Topping auf der Bowl verteilen.

Coco Mango Bowl

Portionen: 1 Vorbereitung: 2 min Zubereitung: 5 min

Zutaten

1 gefrorene Mango
½ Limette (Saft)
½ Orange (Saft)
100 ml Kokosmilch

Topping:
Himbeeren
Heidelbeeren
Chiasamen
Kokosraspeln

Zubereitung

1. Alle Zutaten Mixen und in eine Bowl geben.
2. Das Obst waschen.
3. Die Zutaten für das Topping auf der Bowl verteilen.

Frühstücks Spinat Bowl

Portionen: 2 Vorbereitung: 2 min Zubereitung: 5 min

Z u t a t e n

2 Bananen
1 Apfel
3 EL Haferflocken
200 g Spinat
100 ml Milch

Topping:
1 Kiwi
Heidelbeeren
1 EL Mandelblättchen
Granatapfelkerne

Z u b e r e i t u n g

1. Alle Zutaten Mixen und in eine Bowl geben.
2. Die Kiwi in Scheiben schneiden.
3. Die Zutaten für das Topping auf der Bowl verteilen.

Avocado Spinat Bowl

Portionen: 1 Vorbereitung: 2 min Zubereitung: 5 min

Zutaten

50 ml Milch
½ Avocado
50 g Spinat
1 Banane gefroren
1 Handvoll Grünkohl

Topping:

Mandelblättchen
Banane
Haferflocken

Zubereitung

1. Alle Zutaten Mixen und in eine Bowl geben.
2. Die Banane in Scheiben schneiden.
3. Die Zutaten für das Topping auf der Bowl verteilen.

Black Smoothie Bowl

Portionen: 1 Vorbereitung: 2 min Zubereitung: 5 min

Z u t a t e n

1 gefrorene Banane
½ gefrorene Mango
100 ml Milch
1 TL Aktivkohlepulver

Topping:
Himbeeren
Zitronengras
Kokosraspeln

Z u b e r e i t u n g

1. Alle Zutaten Mixen und in eine Bowl geben.
2. Himbeeren waschen und Zitronengras klein hacken.
3. Die Zutaten für das Topping auf der Bowl verteilen.

Porridge Bowl

Portionen: 1 Vorbereitung: 2 min Zubereitung: 5 min

Z u t a t e n

1 gefrorene Banane
170 ml Milch
4 EL Haferflocken
100 g gefrorene Himbeeren

Topping:
Zimt
Heidelbeeren
Banane
Chiasamen

Z u b e r e i t u n g

1. Haferflocken mit der Milch vermengen und in den Kühlschrank geben und einige Stunden quellen lassen.
2. Die Banane und die Himbeeren mixen und über die Haferflocken geben.
3. Die Banane in Scheiben schneiden.
4. Die Zutaten für das Topping auf der Bowl verteilen.

Espresso Bowl

Portionen: 2 Vorbereitung: 2 min Zubereitung: 5 min

Zutaten

2 Tassen Espresso
(kalt)
2 EL Kakao
2 gefrorene Bananen
150 g Naturjoghurt
1 Schuss
Agavendicksaft
Topping:
Banane
Granola
Mandelmus
Kokosflocken

Zubereitung

1. Alle Zutaten Mixen und in eine Bowl geben.
2. Die Banane in Scheiben schneiden.
3. Die Zutaten für das Topping auf der Bowl verteilen.

Vegetarische Bowls

Zoodle
Bowl S.45

Buddha
Bowl mit
Kürbis
S.47

Reis Bowl mit Blaubeeren

Portionen: 14 Vorbereitung: 5 min Zubereitung: 40 min

Zutaten

200g Reis
300 ml Gemüsebrühe
100 ml Tomatensaft
2 Schalotten
3 EL Olivenöl
2 Knoblauchzehen
Salz und Pfeffer
2 Avocados
2 Zucchinis
1 EL Limettensaft
100 g Blaubeeren

Zubereitung

1. Knoblauch und Schalotten schälen und hacken. Dann in einem Topf mit Öl für 2 Minuten andünsten. Den Reis zugeben und verrühren. Tomatensaft und Brühe zugießen und für 20 Minuten kochen lassen. Anschließend mit Salz und Pfeffer abschmecken.
2. Zucchini waschen und klein schneiden. Dann unter den Reis mischen und für weitere 10 Minuten köcheln lassen.
3. Blaubeeren waschen. Avocado schälen, in Scheiben schneiden und für 3 Minuten in einer Grillpfanne grillen.
4. Den Reis mit Limettensaft, Salz und Pfeffer abschmecken und vermischen. Dann in 4 Schalen geben. Die Avocado Scheiben links auf der Bowls platzieren und die Blaubeeren rechts.

Avocado-Reis Bowl

Portionen: 1 Vorbereitung: 4 min Zubereitung: 45 min

Z u t a t e n

80 g Erdnusskerne
150 g Vollkornreis
2 Möhren
1 Avocado
2 EL Limettensaft
250 g Tofu
200 g Blaubeeren
100 g Baby Spinat
1 TL Kokosblütenzucker
40 g Kokoscreme
1 EL Sojasauce
Pfeffer
2 EL Erdnussöl
100 ml Gemüsebrühe
60 g Erdnussmus

Z u b e r e i t u n g

1. Reis nach Anleitung kochen lassen. Anschließend abgießen.
2. Kokoscreme und Gemüsebrühe in einem Topf aufkochen lassen. Pfeffer, Limettensaft, Sojasauce und Kokosblütenzucker zugeben und verrühren. Die Sauce abkühlen lassen.
3. Tofu würfeln und in einer Pfanne anbraten.
4. Erdnüsse in einer Pfanne ohne Öl anrösten. Spinat waschen. Möhren schälen und in Stifte schneiden. Die Blaubeeren waschen. Avocado halbieren und halbieren.
5. Den Reis mit Spinat, Möhren, Tofu, Avocado, Blaubeeren und Nüssen in einer Schüssel schön anrichten und mit Sauce beträufeln.

Reis Bowl mit Kichererbsen

Portionen: 2 Vorbereitung: 2 min Zubereitung: 25 min

Z u t a t e n

1 Glas Kichererbsen
60 g Cashewkerne
100 g Rucola
1 EL Limettensaft

1 Bund Radieschen
Salz und Pfeffer
1 Orange

2 Möhren
100 g Reis
10 g Petersilie

Z u b e r e i t u n g

1. Reis nach Anleitung kochen. Cashewkerne in 100 ml Wasser einweichen.

2. Möhren schälen und raspeln. Rucola waschen. Radieschen waschen und in Scheiben schneiden. Orange schälen und klein schneiden.

3. Cashewkerne mit Einweichwasser, gehackte Petersilie, Limettensaft und etwas Pfeffer und Salz vermischen.

4. Dann den Reis auf 2 Schüsseln verteilen und mit Kichererbsen, Salat, Gemüse und Obst toppen. Dann mit der Sauce beträufeln und servieren.

Couscous Bowl mit Süßkartoffeln

Portionen: 1 Vorbereitung: 2 min Zubereitung: 20 min

Zutaten

1 Handvoll Cocktailtomaten
¼ Süßkartoffel
1 TL Honig
100 g Couscous
Etwas Salz und Pfeffer
Essig und Öl
3 Blätter Grünkohl

Zubereitung

1. Couscous mit kochendem Wasser übergießen und quellen lassen.

2. Süßkartoffel schälen und in Stifte schneiden. Grünkohlblätter waschen und zupfen. Die Süßkartoffel und die Grünkohlblätter in einem Topf mit Wasser kurz andünsten lassen.

3. Tomaten waschen und halbieren.

4. Den Couscous in eine Schüssel geben und darauf die Tomaten, Süßkartoffeln und Grünkohl draufgeben. Mit Salz und Pfeffer würzen. Nach Belieben mit Öl und Essig beträufeln.

Nudel Bowl mit Erdnussdressing

Portionen: 1 Vorbereitung: 2 min Zubereitung: 10 min

Z u t a t e n

½ Avocado
100g Mie-Nudeln
½ Mango

Etwas Salz und Pfeffer
Öl und Essig
1 Handvoll Rucola

1 EL Kürbiskerne
1 Handvoll Sprossen
1 EL Erdnussbutter

Z u b e r e i t u n g

1. Die Mie-Nudeln mit kochendem Wasser übergießen und kurz ziehen lassen.
2. Avocado und Mango schälen, dann in kleine Stücke schneiden. Rucola waschen.
3. Nun die Nudeln in eine Schüssel geben. Darauf dann die Mango, Avocado und den Rucola platzieren. Anschließend mit Kürbiskernen und Sprossen bedecken.
4. Die Gewürze, dass Öl, der Essig und die Erdnussbutter in einer kleinen Schüssel zu einem Dressing verrühren und über die Bowl gießen.

Zoodle-Bowl

Portionen: 1 Vorbereitung: 2 min Zubereitung: 10 min

Zutaten

½ Möhre
1 Chilischote
½ Zucchini
1 EL Pinienkerne
5 Cocktailtomaten
1 EL Pesto
3 getrocknete Tomaten
Salz und Pfeffer

Zubereitung

1. Möhre schälen und zusammen mit der Zucchini und der Hilfe eines Sparschälers in Streifen schneiden. Die Möhren in kochendes Wasser geben und nach ein paar Minuten die Zucchinistreifen dazugeben und garen lassen.
2. Getrocknete Tomaten und Chilischote in dünne Streifen schneiden. Die Tomaten waschen und halbieren.
3. Die fertigen Zoodles abtropfen lassen und in die Bowl füllen. Dann mit getrockneten Tomaten und den halbierten Tomaten dekorieren und mit Pinienkernen und Chilischotte toppen. Gewürze drüberstreuen und einen Klecks Pesto drüber geben.

Buddha Bowl mit Grillkäse

Portionen: 1 Vorbereitung: 2 min Zubereitung: 20 min

Z u t a t e n

½ Pck. Grillkäse
1 Handvoll Reis
Etwas Salz und Pfeffer

½ Frühlingszwiebel
1 Handvoll Brokkoli Röschen
Etwas Chili

½ Avocado

Dressing:
2 EL Tomatenmark

1 Knoblauchzehe, gepresst
100 ml Kokosmilch

1 Schuss Sojasauce
2 EL Erdnussbutter

Z u b e r e i t u n g

1. Reis nach Anleitung kochen, abgießen und in eine Schüssel füllen.
2. Brokkoli und gehackte Frühlingszwiebel in etwas Öl andünsten und auf dem Reis platzieren.
3. Grillkäse mit Olivenöl in einer Pfanne anbraten, in Würfel schneiden und mittig auf dem Reis platzieren.
4. Avocado schälen, klein schneiden und auf der Bowl verteilen.
5. Nun alles kräftig würzen und mit Chiliflocken bestreuen.
6. Die Zutaten für das Dressing in einer Pfanne aufkochen lassen und über die Bowl gießen.

Buddha Bowl mit Kürbis

Portionen: 2 Vorbereitung: 2 min Zubereitung: 25 min

Z u t a t e n

150 g Quinoa
200 g Hokkaido Kürbis
100 g Baby Spinat
1 Avocado
100 g Vogerlsalat

Dressing:
Etwas Salz und Pfeffer
2 EL Apfelessig
3 EL Walnussöl

Z u b e r e i t u n g

1. Kürbis in Würfel schneiden und mit Olivenöl und Gewürzen in einer Auflaufform verteilen. Dann bei 180°C im Backofen für 20 Minuten anrösten lassen.
2. Quinoa nach Anleitung kochen.
3. Avocado halbieren, schälen und in Streifen schneiden.
4. Salat waschen und in eine Schüssel geben. Spinat waschen und mit in die Schüssel geben. Dann die Kürbiswürfel, Quinoa und Avocado darauf verteilen.
5. Die Zutaten für das Dressing vermischen und über die Bowl gießen.

Gemüse Bowl mit Hummus

Portionen: 2 Vorbereitung: 2 min Zubereitung: 15 min

Z u t a t e n

½ Granatapfel
4 Radieschen

100 g Blattsalat
½ Gurke

6 Cocktailtomaten
1 Karotte

Für den Dip:

½ TL Sesamöl

Etwas Salz und Pfeffer

80 g Hummus

Z u b e r e i t u n g

1. Tomaten, Gurken und Radieschen waschen und klein schneiden. Die Karotte schälen und raspeln. Salat waschen und in eine Schüssel geben.
2. Das Gemüse auf dem Salat verteilen.
3. Den Dip in einer Schüssel anrichten und über die Bowl geben.
4. Dann den Granatapfel halbieren mit den Kernen die Bowl toppen.

Couscous Bowl mit Feta

Portionen: 2 Vorbereitung: 2 min Zubereitung: 15 min

Z u t a t e n

6 Radieschen
100 g Rucola
70 g Feta

10 Wachteleier
1 Avocado
150 g Couscous

6 Cocktailtomaten
2 Stangen Sellerie

Für das Dressing:

1 TL Salz
2 EL Olivenöl

1 gepresste Zitrone

3 EL Balsamicoessig

Z u b e r e i t u n g

1. Die Wachteleiler für 3 Minuten kochen lassen.
2. Couscous nach Anleitung kochen.
3. Sellerie, Radieschen und Avocado in feine Scheiben schneiden. Rucola waschen. Cocktailtomaten halbieren.
4. Die Zutaten für das Dressing vermischen.
5. Dann den Rucola auf zwei Schüsseln aufteilen. Eier, Gemüse und Couscous im Uhrzeigersinn darauf verteilen. Das Dressing drüber träufeln und den Fetakäse über die Bowl zerbröseln.

Couscous Bowl mit Röstpaprika

Portionen: 4 Vorbereitung: 2 min Zubereitung: 35 min

Zutaten

40 g Walnusskerne
Salz und Pfeffer
1 Limette
370 g Röstpaprika
100 g schwarze Oliven
200 g Couscous
100 g Baby Spinat
250 Kirschtomaten
200 g Feta
1 El Olivenöl
2 Knoblauchzehen
50 g gemahlene Mandeln

Zubereitung

1. Die Röstpaprika in ein Sieb geben und abtropfen lassen. Knoblauch schälen und pressen. Dann den Knoblauch mit Paprika, Mandeln, Öl und Limettensaft in eine Schüssel geben und pürieren. Anschließend salzen und pfeffern.
2. Couscous in ¼ l aufgekochtes Salzwasser geben und nach Anleitung kochen lassen.
3. Spinat verlesen und abtropfen lassen. Kirschtomaten waschen und halbieren. Zucchini waschen und raspeln. Walnüsse hacken.
4. Couscous auf vier Schälchen verteilen und reihenweise das Gemüse, den Fetakäse, die Oliven und Nüsse darauf verteilen. Mit Sauce anrichten und servieren.

Buddha Bowl mit Halloumi

Portionen: 2 | Vorbereitung: 2 min | Zubereitung: 35 min

Zutaten

4 EL Olivenöl	4 EL Petersilie	200 g Halloumi Käse
80 g Couscous	2 TL Kurkuma	2 TL Ahornsirup
2 El Zitronensaft	400 g Karotte	2 EL Mandeln
Etwas Salz	1 Orange	150 g Sojajoghurt

Zubereitung

1. Couscous nach Anleitung kochen lassen. Dann abgießen und mit 1 EL Olivenöl, Petersilie und Zitronensaft vermischen.
2. Möhren schälen und raspeln. Dann zusammen mit den Gewürzen, 2 EL Olivenöl, Ingwer und Ahornsirup verrühren.
3. Die Orange waschen und die Schale abreiben. Den Saft auspressen und mit Joghurt und ½ TL Schale vermischen- Die Mandeln hacken und in einer Pfanne ohne Öl anrösten.
4. Den grillkäse in Scheiben schneiden und in dem restlichen Öl anbraten.
5. Couscous in 2 Schalen geben. Darin die restlichen Zutaten schön verteilen und servieren.

Clean Eating Bowl

Portionen: 3 Vorbereitung: 2 min Zubereitung: 20 min

Zutaten

1 TL Maisstärke
100 g Reis
2 EL Sojasauce
Etwas Kokosöl
1 EL Chilisauce
1 Avocado
230 g Kichererbsen
1 Brokkoli
1 Handvoll Sprossen
1 Möhre
3 EL Erdnussbutter
Etwas Zitronensaft
1 Pck. Räuchertofu

Zubereitung

1. Reis nach Anleitung kochen.

2. Brokkoli in Röschen teilen. Tofu mit Maisstärke vermischen und in einer Pfanne mit etwas Öl braten. Avocado schälen und in Scheiben schneiden. Dann mit Zitronensaft beträufeln. Möhren schälen und raspeln. Sprossen waschen.

3. Den Reis in drei Schüsseln geben und mit den anderen Zutaten garnieren.

4. Für die Sauce: Chili Sauce und Sojasauce verrühren und über die Bowl gießen.

Protein Bowl

Portionen: 12 Vorbereitung: 2 min Zubereitung: 25 min

Zutaten

200 g Erbsen
1 Limette
1 EL Beeren
1 El Olivenöl

1 Knoblauchzehe
50 g Spinat
1 Zucchini
2 EL Fischsauce

50 g Sojasprossen
4 EL Hüttenkäse
2 EL Sesamöl
1 Avocado

Zubereitung

1. Zucchini waschen und mit in dünne Streifen schneiden. Spinat waschen und mit den Zucchinistreifen vermischen. Sesamöl in einer Pfanne erhitzen und das Gemüse darin anbraten. Mit Fischsauce und Sojasauce ablöschen.
2. Avocado schälen und in Scheiben schneiden. Mit Limettensaft beträufeln.
3. Knoblauch schälen und hacken. Dann 150 g Erbsen mit Limettensaft, Knoblauch und Olivenöl pürieren.
4. Spinat in zwei Schüsseln geben und darauf längs die Zucchini legen. Dann der Reihe nach, den Hüttenkäse, Erbsenmus und Avocado Scheiben drauflegen.
5. Zum Schluss mit Beeren und Sprossen garnieren und servieren.

Bulgur-Bowl

Portionen: 1 | Vorbereitung: 2 min | Zubereitung: 25 min

Zutaten

2 Champignons
100 g Bulgur
½ Avocado
1 Zwiebel
½ Paprika
3 EL Hummus
1 Tomate
¼ Pck. Feta
¼ Gurke
3 EL Kichererbsen
Salz und Pfeffer
Etwas Olivenöl
4 EL Tomatenmark
2 Frühlingszwiebeln

Zubereitung

1. Bulgur nach Anleitung kochen. Währenddessen die Pilze und Zwiebel in Scheiben schneiden und in Olivenöl anbraten.

2. Gemüse waschen und in Scheiben schneiden. Avocado schälen und in Streifen schneiden. Dann mit etwas Zitronensaft beträufeln.

3. Den fertigen Bulgur mit Olivenöl, Tomatenmark und gehackten Frühlingszwiebeln vermischen und mit Gewürzen abschmecken. Anschließend in eine Schüssel füllen und mit Gemüse, Kichererbsen, Pilzen und zerbröckelten Feta belegen. Zum Schluss mit Hummus toppen und genießen.

Süßkartoffel-Bowl

Portionen: 2 Vorbereitung: 2 min Zubereitung: 20 min

Zutaten

1 Zwiebel
1 Süßkartoffel
2 El Kokosöl
1 Dose Kichererbsen
1 Brokkoli
1 TL Honig
3 EL Sesampaste
Salz und Pfeffer
2 EL heißes Wasser
1 EL Zitronensaft
Harissa

Zubereitung

1. Ein Backblech mit Backpapier auskleiden und darauf das Kokosöl verteilen. Dann mit Harissa, Salz und Pfeffer bestreuen. Zwiebel schälen, in Scheiben schneiden und auf das Backpapier legen. Süßkartoffel schälen, würfeln und auf die Zwiebel legen. Mit Olivenöl beträufeln und mit Brokkoli Röschen vermischen. Dann alles für 15 Minuten bei 200°C backen lassen.

2. Kokosöl in einer Pfanne erhitzen und die Kichererbsen darin anbraten. Mit etwas Salz bestreuen und verrühren. Dann in den Backofen mitzugeben und für 5 Minuten backen.

3. Tahini, Zitronensaft, etwas Salz und Honig vermischen.

4. Das Gemüse mit den Süßkartoffeln in zwei Schüsseln geben und mit Dressing beträufeln.

Bunte Bowl mit Kartoffeln

Portionen: 2 Vorbereitung: 2 min Zubereitung: 15 min

Zutaten

1 Brokkoli
600 g Kartoffeln
Salz und Pfeffer
Etwas Kokosöl
1 Paprika
1 Handvoll Salat
Etwas Knoblauchpulver
260 g Kichererbsen
½ TL Salz
1 EL Olivenöl
½ TL Paprikapulver
¼ TL Kurkuma
½ TL Oregano

Zubereitung

1. Kartoffeln schälen, würfeln und mit Knoblauchpulver, Öl und Salz vermengen. Dann auf ein Backblech verteilen.
2. Kichererbsen mit Gewürzen vermischen und ebenfalls auf das Blech legen. Brokkoli in Röschen schneiden und mit Öl und Salz vermengen. Alles bei 200°C für 40 Minuten backen.
3. Paprika waschen und in Streifen schneiden.
4. Das gebackene Gemüse auf 2 Schüsseln verteilen. Darauf im Uhrzeigersinn die Paprika, Salat und Brokkoli Röschen geben.

Sobanudel-Bowl mit Edamame

Portionen: 2 Vorbereitung: 2 min Zubereitung: 20 min

Zutaten

75 g Sobanudeln
250 g Champignons
100 g Edamame
150 g Brokkoli Röschen
Salz und Pfeffer

Für die Sauce:

2 El Sojasauce
8 EL Gemüsebrühe
2 TL Reisweinessig
3 EL Erdnussbutter
1 TL Ingwer
1 TL Agavendicksaft

Zubereitung

1. Brokkoli Röschen in Wasserdampf garen lassen. Pilze putzen und in Scheiben schneiden. Edamame schälen.

2. Die Zutaten für die Sauce verrühren.

3. Etwas Öl in einer Pfanne erhitzen und darin die Pilze anbraten. Mit Salz und Pfeffer bestreuen. Dann Edamame und Brokkoli zugeben und alles gut verrühren.

4. Sobanudeln für 5 Minuten in kochendes Wasser geben und garen lassen.

5. Dann die Nudeln auf zwei Schüsseln verteilen und das Gemüse drüber geben. Mit Sauce servieren.

Papaya Bowl mit Ei

Portionen: 1 Vorbereitung: 2 min Zubereitung: 15 min

Zutaten

1 Ei
40 g Eisbergsalat
1 EL Papaya Kerne
140 g Papaya Scheiben
40 g Vollkornbrot
100 g Gurke
Salz und Pfeffer
1 TL Olivenöl
½ Paprika

Zubereitung

1. Paprika waschen und hobeln. Salat waschen und klein schneiden. Gurke waschen und in Scheiben schneiden.
2. Das Ei für 5 Minuten kochen, pellen und vierteln.
3. Dann alle Zutaten im Uhrzeigersinn in einer Schüssel verteilen und mit Olivenöl beträufeln. Mit Salz und Pfeffer würzen.

Quinoa Bowl mit Kräuterjoghurt

Portionen: 1 Vorbereitung: 2 min Zubereitung: 15 min

Zutaten

200 g Karotten, in Stifte
Salz und Pfeffer
200 g Blumenkohl Röschen
2 EL Olivenöl

2 Paprikas, in Streifen
50 g Kirschtomaten, halbiert
½ Avocado, in Scheiben
60 g Chicorée, in Streifen

80 g Quinoa
2 EL Kräuter
2 EL Zitronensaft
100 g Naturjoghurt

Zubereitung

1. Backofen auf 180°C vorheizen.
2. Das Gemüse mit Olivenöl, Salz und Pfeffer vermischen, auf einem Backblech verteilen und für 30 Minuten rösten lassen.
3. Quinoa nach Anleitung kochen. Anschließend mit Joghurt, Kräuter, Salz, Pfeffer und 1 EL Zitronensaft vermischen.
4. Nun die Quinoa in eine Schüssel geben. Darauf das Ofengemüse, Chicorée, Tomaten und Avocado verteilen. Mit etwas Zitronensaft beträufeln und mit Joghurt anrichten.

Fleisch Bowls

Quinoa Bowl mit Hähnchenbrust S. 62

Bibimbap Bowl S. 66

Quinoa Bowl mit Hähnchenbrust

Portionen: 1   Vorbereitung: 2 min   Zubereitung: 15 min

Zutaten

1 Limette, Saft
50 g Champignons
50 g Avocado
25 g Quinoa
170 g Hähnchenbrust
150 g Tomaten
1 Kopfsalat
Etwas Knoblauchpulver
Salz und Pfeffer

Zubereitung

1. Quinoa nach Anleitung kochen und etwas salzen.
2. Hähnchenbrust würfeln, mit Gewürzen bestreichen und in etwas Öl braten.
3. Salat waschen und in eine Schüssel geben. Avocado schälen und klein schneiden. Tomaten waschen und würfeln. Pilze putzen und in Scheiben schneiden.
4. Das Gemüse und Hähnchen schön auf dem Salat verteilen und Salz, Pfeffer und Limettensaft marinieren.

Bulgur Bowl mit Hähnchen

Portionen: 2 Vorbereitung: 2 min Zubereitung: 20 min

Z u t a t e n

40 g Bulgur
2 Möhren
250 g Hähnchenbrustfilet
1 Knoblauchzehe
1 Zwiebel
1 El Öl
100 g Bohnen
130 g Champignons
1 Stange Sellerie
300 ml Hühnerbrühe

Z u b e r e i t u n g

1. Hähnchenbrust waschen, würfeln und mit Salz und Pfeffer würzen.
2. Bulgur nach Anleitung kochen und abbrausen. Zwiebel und Knoblauch schälen und würfeln. Sellerie, Möhren und Pilze in Scheiben schneiden.
3. Öl in einem Topf erhitzen und darin das Fleisch braten. Bulgur und Gemüse zugeben. Mit Brühe ablöschen und für 25 Minuten köcheln lassen. Dann die Bohnen zugeben und alles verrühren.
4. Bulgur und Gemüse in einer Bowl anrichten und mit Salz und Pfeffer würzen.

Mediterrane-Bowl

Portionen: 2 Vorbereitung: 2 min Zubereitung: 15 min

Z u t a t e n

80 g weiße Bohnen
100 g Dinkelkorn
1 Peperoni
100 g Blattsalat
20 Cocktailtomaten
100 Putenfleisch
Tomatenmark
Salz und Pfeffer
1 EL Zitronensaft
2 EL Olivenöl
1 EL Balsamico

Z u b e r e i t u n g

1. Dinkelkorn nach Anleitung kochen.
2. Putenfleisch waschen und klein schneiden. Dann mit Salz und Pfeffer würzen und mit Tomatenmark anbraten.
3. Bohnen abtropfen lassen. Tomaten waschen und vierteln. Salat waschen.
4. Nun Balsamico, Salz, Pfeffer, Olivenöl und Zitronensaft in einer Schüssel verrühren.
5. Salat auf 2 Schüsseln verteilen. Dann die restlichen Zutaten der Reihe um auf die Bowl geben und mit Dressing servieren.

Eiweißreiche Buddha Bowl

Portionen: 1 | Vorbereitung: 2 min | Zubereitung: 35 min

Zutaten

100 g Brokkoli
100 g Hähnchenbrust
80 g Kichererbsen
150 g Süßkartoffel
2 TL Sojasauce
1 TL Honig
1 Handvoll Spinat
4 EL Wasser
Salz und Pfeffer
1 TL Paprikapulver
1 TL Kokosöl
50 g Reis
2 EL Erdnussbutter

Zubereitung

1. Backofen auf 180°C vorheizen.
2. Süßkartoffel schälen und in Scheiben schneiden. Brokkoli in Röschen teilen. Kichererbsen abtropfen lassen.
3. Ein Backblech mit Backpapier auslegen und die Süßkartoffeln, sowie das Gemüse getrennt voneinander verteilen. Gut würzen und für 25 Minuten garen lassen.
4. Reis nach Anleitung kochen.
5. Erdnussbutter mit Wasser, Honig und Sojasauce vermischen.
6. Spinat waschen und in die Bowl geben. Dann mit den restlichen Zutaten die Bowl dekorieren und mit Dressing beträufeln.

Bibimbap Bowl

Portionen: 2 Vorbereitung: 2 min Zubereitung: 45 min

Zutaten

150 g Reis
200 g Rindersteak
2 Eier
2 Karotten
2 TL Sriracha-Sauce
1 Limette
½ Bund Frühlingszwiebeln
2 EL Cashewkerne
1 Stange Staudensellerie
1 Knoblauchzehe
1 EL Reisessig
2 TL gehackter Ingwer
4 EL Sojasauce
1 EL Sesamöl
1 EL Fischsauce
1 EL Ahornsirup
Salz
Pfeffer

Zubereitung

1. Reis nach Packungsanweisung zubereiten und mit Limettensaft, Salz und Pfeffer würzen.
2. Ingwer und Knoblauch hacken und mit Fischsauce, 1 EL Sojasauce, Reisessig, Sesamöl und Ahornsirup vermengen.
3. Das Rindfleisch in Streifen schneiden und in der Marinade einlegen.
4. Sriracha-Sauce mit 2 EL Sojasauce, Limettensaft und 4 EL Wasser vermengen.
5. Die zwei Eier in einer Pfanne braten.
6. Gemüse waschen und in Streifen schneiden. Cashewkerne hacken.
7. Rindfleisch scharf anbraten. Mit Salz und Pfeffer würzen.
8. Alle Zutaten in einer Schüssel anrichten und servieren.

Vietnamesische Rindfleisch Bowl

Portionen: 2 Vorbereitung: 2 min Zubereitung: 35 min

Zutaten

100 g Reisbandnudeln
1 Stange Zitronengras
200 g Rindersteak
2 EL brauner Zucker
2 Knoblauchzehen
1 EL Fischsauce

1 Limette
1 Chilischote
1 Zwiebel
½ Gurke
1 Handvoll Minze

30 g Mungobohnensprossen
1 Handvoll Erdnüsse
2 EL Öl
Salz
Pfeffer

Zubereitung

1. Reisnudel nach Packungsanweisung zubereiten.
2. Rindfleisch in Streifen schneiden.
3. Zitronengras, Minze, Erdnüsse, Chilischote, Zwiebeln und Knoblauch hacken. Die Gurke in Stifte schneiden.
4. Fischsauce, 1 EL Zucker, etwas Pfeffer, Limettensaft, Zitronengras und Knoblauch vermengen und in der Marinade das Fleisch für 30 Minuten einlegen.
5. Das Gemüse und die Chilischote mit den Nudeln vermengen.
6. Das Fleisch scharf anbraten und mit den Zwiebeln etwas schmoren lassen.
7. Alle Zutaten in der Bowl anrichten und mit Minze und Erdnüssen garnieren.

Sommerliche Fleisch Bowl

Portionen: 2 Vorbereitung: 2 min Zubereitung: 35 min

Z u t a t e n

100 ml Sojasauce
100 g Reis
1 TL Weißwein
10 g Zitronengras
1 Paprika
200 g Rindfleisch
1 rote Zwiebel
1 Handvoll
Frühlingszwiebeln
1 TL brauner Zucker
Salz
Pfeffer

Z u b e r e i t u n g

1. Reis nach Packungsanweisung zubereiten.
2. 50 ml Sojasauce, Wein, Zucker und 150 ml Wasser vermengen und die Mischung erwärmen.
3. Reis mit der Sauce vermengen.
4. Steak in Streifen schneiden und scharf anbraten.
5. Das Gemüse in mundgerechte Stücke schneiden und kurz anbraten und mit der restlichen Sojasauce ablöschen.
6. Die Zutaten in einer Bowl anrichten und mit Frühlingszwiebeln servieren.

Beef Tomaten Bowl

Portionen: 4 Vorbereitung: 2 min Zubereitung: 45 min

Zutaten

200 g Reis
400 g Rindfleisch
2 EL Sesamöl
200 g Cherrytomaten
100 g Radieschen
1 Bund Thaibasilikum
1 Zucchini
1 gehackte Knoblauchzehe
1 EL Sojasauce
1 EL Austernsauce
1 TL Ahornsirup
1 TL gehackter Ingwer
1 TL Erdnussöl
1 TL Reisweinessig
1 Handvoll Frühlingzwiebeln
Chiliflocken
Salz
Pfeffer

Zubereitung

1. Reis nach Packungsanweisung zubereiten.
2. Das Fleisch in Streifen schneiden und das Gemüse in mundgerechte Stücke schneiden.
3. Das Fleisch mit etwas Sesamöl scharf anbraten.
4. Austernsauce, Sojasauce, Ahornsirup, Knoblauch, Ingwer, Erdnussöl, Reisweinessig, Salz, Pfeffer und Chiliflocken vermengen und über das Fleisch geben.
5. Das Gemüse kurz anbraten und mit Salz und Pfeffer würzen.
6. Alle Zutaten in einer Schüssel anrichten und mit dem Basilikum servieren.

Teriyaki Bowl

Portionen: 4 Vorbereitung: 2 min Zubereitung: 45 min

Zutaten

500 g Rinderhack
200g Champignons
4 Eier
200 g Reis
2 Karotten

1 Paprika
1 rote Zwiebel
2 Knoblauchzehen
2 EL gehackter Ingwer
1 EL brauner Zucker

150 ml Sojasauce
1 TL Sriracha-Sauce
3 EL Fischsauce
Salz
Pfeffer

Zubereitung

1. Reis nach Packungsanweisung zubereiten.

2. Die Eier circa 7 Minuten kochen und anschließend mit kaltem Wasser abschrecken.

3. Die Karotten in Streifen schneiden und kurz in kochendem Wasser blanchieren.

4. Das Gemüse in mundgerechte Stücke schneiden und scharf anbraten. Das Gemüse mit Sojasauce ablöschen.

5. Gehackten Ingwer und gehackten Knoblauch anbraten und das Hack hinzugeben. Mit etwas Sojasauce, Sriracha-Sauce und Fischsauce ablöschen und mit Salz, Pfeffer und Zucker abschmecken.

6. Alle Zutaten in eine Bowl geben und servieren.

Exotische Hähnchen Bowl

Portionen: 4 Vorbereitung: 2 min Zubereitung: 50 min

Zutaten

600 g Hähnchenbrustfilet
50 ml Öl
5 EL Granatapfelsirup
100 g Granatapfelkerne
4 EL Ahornsirup
2 EL Essig
½ Kürbis
1 Kopf Brokkoli
200 g Reis
1 EL brauner Zucker
Chiliflocken
Salz
Pfeffer

Zubereitung

1. Reis nach Packungsanweisung zubereiten.
2. Granatapfelsirup, Öl, Ahornsirup, Essig, Granatapfelkerne, Salz und Pfeffer zu einem Dressing vermengen.
3. Brokkoli in Röschen schneiden. Kürbis in Würfel schneiden. Beides auf ein Backblech geben und mit Öl bestreichen und mit Salz, Pfeffer und Zucker würzen. Das Gemüse bei 180 Grad für 20-30 Minuten in den Ofen geben.
4. Das Fleisch in Streifen schneiden. In etwas Öl anbraten und mit Salz und Pfeffer würzen.
5. Alle Zutaten in eine Bowl geben und mit Chiliflocken garnieren.

Beef Burrito Bowl

Portionen: 4 Vorbereitung: 2 min Zubereitung: 35 min

Zutaten

200 g Reis
200 g Rindersteak
150 g Mais
200 g Kidneybohnen
1 Avocado
4 EL Saure Sahne
1 Handvoll Cherrytomaten
1 Chilischote
1 Limette
Salz
Pfeffer

Zubereitung

1. Reis nach Packungsanweisung zubereiten.
2. Die Chilischote Hacken. Mais und Bohnen abgießen und mit der Sahne vermengen. Die Mischung mit Salz, Pfeffer und Chili würzen.
3. Die Avocado in Streifen schneiden und die Tomaten halbieren.
4. Den Reis mit Limettensaft, Salz und Pfeffer würzen.
5. Das Fleisch in Streifen schneiden und scharf anbraten.
6. Alle Zutaten in eine Bowl geben und servieren.

Bunte Entrecôte Bowl

Portionen: 4 Vorbereitung: 2 min Zubereitung: 35 min

Zutaten

400 g Entrecôte
300 g Rotkohl
2 EL Apfelessig
2 EL Ahornsirup
300 g Quinoa
1 Orange
Öl
50 g Granatapfelkerne
Salz
Pfeffer

Zubereitung

1. Quinoa nach Packungsanweisung zubereiten.
2. Den Kohl schneiden und in Apfelessig, Ahornsirup, Orangensaft, Salz und Pfeffer einlegen.
3. Das Fleisch in Streifen schneiden und scharf anbraten.
4. Alle Zutaten in eine Bowl geben und mit Granatapfelkernen garnieren.

Mexican Bowl

Portionen: 4 Vorbereitung: 2 min Zubereitung: 25 min

Zutaten

200 g Reis
150 g Mais
1 Bund Koriander
2 Karotten
2 Fleischtomaten
1 Paprika
400 g Rinderhack
1 Zwiebel
1 Knoblauchzehe
Paprikapulver
Salz
Pfeffer

Zubereitung

1. Reis nach Packungsanweisung zubereiten.
2. Das Gemüse in mundgerechte Stücke schneiden. Koriander und Knoblauch hacken.
3. Die Zwiebel und den Knoblauch in einer Pfanne anschwitzen und das Fleisch hinzugeben. Mit Paprikapulver, Salz und Pfeffer würzen. Anschließend das Gemüse hinzugeben.
4. Du Zutaten in einer Bowl anrichten und mit Koriander garnieren.

Couscous Lamm Bowl

Portionen: 4 Vorbereitung: 2 min Zubereitung: 25 min

Zutaten

4 Lammkoteletts
2 Pfefferminzzweige
1 Gurke
250 g Couscous
1 Apfel
2 Karotten
200 g Eisbergsalat
1 Orange
5 EL Olivenöl
Salz
Pfeffer

Zubereitung

1. Couscous nach Packungsanweisung zubereiten.
2. Minze hacken und das Fleisch mit einer Mischung aus Olivenöl und Minze einreiben.
3. Apfel in Spalten schneiden und Gurke und Karotte würfeln.
4. Lamm 5 Minuten scharf anbraten und mit Salz und Pfeffer würzen.
5. Alle Zutaten in einer Bowl anrichten und Orangensaft drüber geben.

Umami Bowl

Portionen: 4 Vorbereitung: 2 min Zubereitung: 45 min

Zutaten

500 g Rinderhack
2 TL gehackter Ingwer
1 EL Öl
1 Zwiebel
200 g Champignons
2 Knoblauchzehen

90 ml Hoisinsauce
3 EL Ahornsirup
3 EL Sojasauce
1 TL Erdnussöl
1 EL Reisweinessig

200 g Reis
1 Bund Koriander
1 Avocado
Salz
Pfeffer

Zubereitung

1. Reis nach Packungsanweisung zubereiten.

2. Hoisinsauce, Ahornsirup, Sojasauce, Erdnussöl, Reisweinessig, Salz und Pfeffer zu einer Sauce vermengen.

3. Knoblauch und Ingwer hacken. Zwiebeln und Champignons würfeln und Avocado in Streifen schneiden.

4. Zwiebel und Knoblauch andünsten und das Hackfleisch mit anbraten. Mit Salz, Ingwer und Pfeffer würzen.

5. Die Champignons hinzugeben und mit der Sauce ablöschen.

6. Alle Zutaten in einer Bowl servieren und mit den Avocado Spalten garnieren.

Barbecue Bowl

Portionen: 4 Vorbereitung: 2 min Zubereitung: 35 min

Zutaten

2 große Süßkartoffeln
1 Limette
1 Knoblauchzehe
500 g Hähnchenbrust
1 TL Senf
3 Karotten
1 Bund Petersilie
1 TL Ahornsirup
100 g Gewürzgurken
Kreuzkümmel
Chiliflocken
Paprikapulver
Salz
Pfeffer

Zubereitung

1. Süßkartoffeln in Würfel schneiden und mit Öl, Salz und Pfeffer vermengen. Die Kartoffeln bei 180 Grad für 20 Minuten in den Ofen geben.
2. Hähnchen in Streifen schneiden und in Limettensaft, Salz, Senf, Pfeffer, Chili, Paprikapulver, Kümmel und gehacktem Knoblauch einlegen.
3. Karotten schälen und in Spalten schneiden und Petersilie hacken. Mit Salz und Ahornsirup vermengen.
4. Gewürzgurken in Spalten schneiden und das Hähnchen anbraten.
5. Alle Zutaten in einer Bowl anrichten.

Poke Bowls

Tuna Bowl S.82

Garnelen-Mango Bowl S.81

Feurige Lachs Bowl S.80

Feurige Lachs Bowl

Portionen: 4 Vorbereitung: 2 min Zubereitung: 25 min

Zutaten

60 ml Sojasauce
450 g Lachsfilet
1 TL Sesampaste
300 g Reis
1 TL Reisessig
1 Avocado
1 Bund Radieschen
3 Frühlingszwiebeln
½ Gurke
2 EL griechischer Joghurt
2 EL Sriracha

Zubereitung

1. Reis nach Anleitung kochen.
2. Lachsfilet in Würfel schneiden und mit Sojasauce vermischen. Anschließend kaltstellen.
3. Radieschen und Gurken hobeln. Avocado schälen und würfeln. Frühlingszwiebeln waschen und in Ringe schneiden.
4. Joghurt und Sriracha verrühren.
5. Den Reis auf 4 Schüsseln verteilen und mit den restlichen Zutaten belegen. Mit Sauce servieren.

Garnelen-Mango Bowl

Portionen: 2 Vorbereitung: 2 min Zubereitung: 15 min

Zutaten

300 g geschälte Garnelen
4 Limetten
240 ml Reisessig
1 TL Zucker
4 TL Sesampaste
6 EL Sojasauce
1 Mango
1 Zwiebel
1 kleiner Salatkopf
Etwas Sesam und Koriander

Zubereitung

1. Salat waschen und klein schneiden.
2. Limettenschale abreiben und Saft auspressen. Sojasauce, Reisessig, Limettensaft,- und Schale und die Sesampaste mit Zucker in einem Topf aufkochen lassen.
3. Mango schälen und würfeln. Avocado schälen und würfeln. Zwiebel schälen und in Ringe schneiden.
4. Die Garnelen auf etwas Öl anbraten und anschließend die Sauce zugeben.
5. Nun den Salat auf 2 Schüsseln aufteilen. Darüber die Garnelen, Zwiebel, Avocado und Mango geben. Mit Sauce servieren.

Tuna Bowl mit braunem Reis

Portionen: 4 Vorbereitung: 2 min Zubereitung: 30 min

Z u t a t e n

600 g Thunfisch
2 TL Sesamöl
3 TL Sojasauce
300 g brauner Reis
2 Knoblauchzehen
1 Stück Ingwer
2 Avocados
Sesam
3 Möhren
2 Frühlingszwiebeln
1 EL Reisweinessig

Z u b e r e i t u n g

1. Knoblauch und Ingwer schälen und hacken. Frühlingszwiebeln in Ringe schneiden.
2. Thunfisch würfeln und mit Sesamöl, Sojasauce, Knoblauch, Ingwer, Frühlingszwiebeln und Essig vermischen.
3. Reis nach Anleitung kochen.
4. Möhren schälen und raspeln. Den Koriander waschen und hacken. Avocado schälen und würfeln.
5. Schüsseln mit Reis füllen und darauf die restlichen Zutaten schön anordnen. Mit Koriander und Sesam bestreuen und servieren.

Cremige Lachs Bowl

Portionen: 4 Vorbereitung: 2 min Zubereitung: 25 min

Zutaten

500 g Lachsfilet
300 g Reis
3 Frühlingszwiebeln
1 Salatgurke

Für die Sauce:

½ TL Salz
1 TL Sojasauce
1 Stück Ingwer, gehackt
80 g Mayonnaise
¼ TL Pfeffer
¼ TL Zucker
½ TL Mirin
3 TL Sriracha

Zubereitung

1. Die Zutaten für die Sauce in einer Schüssel verrühren.
2. Reis nach Anleitung kochen.
3. Lachs würfeln. Frühlingszwiebeln waschen in Ringe schneiden und mit dem Lachs, sowie 2 EL der Sauce vermischen. Gurke waschen und hobeln.
4. Den Reis in Schüsseln geben und darauf länglich den Lachs, die Gurken und die Sauce verteilen.

Vegane Bowls

Sushi Bowl S.62

Tempeh Erdnuss-butter Bowl S.91

Bunte Thai Bowl S.93

Quinoa Linsen Bowl

Portionen: 4 Vorbereitung: 2 min Zubereitung: 45 min

Zutaten

100 g Quinoa
250 g gegarte Kichererbsen
Paprikapulver
Currypulver
1 EL Olivenöl
75 g rote Linsen

150 ml Wasser
180 g Süßkartoffeln
180 g Pastinaken
1 Handvoll Petersilie
Zitronenzeste
100 g Blattspinat
1 Paprika
1 TL Senf

4 EL Tahin
1 TL Sesamöl
1 TL Agavendicksaft
½ Zitrone
2 EL Wasser
Pfeffer
Salz

Zubereitung

1. Kichererbsen abtropfen und mit dem Öl, Currypulver und Paprikapulver in der Pfanne anbraten.
2. Quinoa abspülen und nach Packungsanleitung zubereiten.
3. Linsen abspülen und nach Packungsanleitung zubereiten.
4. Pastinaken und Süßkartoffeln würfeln und in etwas Öl anbraten. Mit Salz und Pfeffer würzen.
5. Petersilie fein hacken und zusammen mit den Zitronenzeste zu dem Gemüse geben.
6. Spinat waschen und abtropfen. Paprika würfeln.
7. Senf, Tahin, Agavendicksaft, Zitronensaft und 2 EL Wasser zu einem Dressing vermengen und über die restlichen Zutaten geben.

Sesam Glasnudel Bowl

Portionen: 2 Vorbereitung: 2 min Zubereitung: 35 min

Zutaten

200 g Glasnudeln
100 g Tomaten
300 g Möhren
75 g Blattspinat
150 g Gurken
1 EL Bratöl
160 g geräucherter Tofu

200 g gegarte Kichererbsen
2 EL Sojasauce
1 EL Sesamsamen
Currypulver
Knoblauchpulver
Paprikapulver

1 Limette
2 EL Wasser
1 EL Tahin
1 TL Agavendicksaft
Pfeffer
Salz
Chiliflocken

Zubereitung

1. Kichererbsen abtropfen und mit 1 EL Bratöl, Currypulver, Paprikapulver und Pfeffer vermengen. Das Ganze bei 200 Grad für 20 Minuten in den Backofen geben.

2. Tofu Würfeln und gut anbraten. Zum Schluss 1 EL Sojasauce hinzugeben und den Tofu mit Sesamsamen bestreuen.

3. Gemüse waschen und schneiden.

4. Glasnudeln nach Anleitung zubereiten.

5. Für die Sauce Limettensaft, Tahin, Sojasauce, Wasser, Agavendicksaft, Chiliflocken, Pfeffer und Knoblauchpulver vermengen und über die restlichen Zutaten geben.

Dinkel Süßkartoffel Bowl

Portionen: 2 Vorbereitung: 2 min Zubereitung: 25 min

Z u t a t e n

150 g Dinkel
150 g Kichererbsen
200 g Süßkartoffeln
200 g Möhren
1 EL Pflanzenöl
1 EL Zitronenabrieb

100 g Gurke
200 g Cherrytomaten
100 g Rucola
1 EL Sonnenblumenkerne
2 TL Sesamsamen
1 EL Senf

1 EL Weißweinessig
3 EL Olivenöl
3 EL Agavendicksaft
1 EL Wasser
Salz
Pfeffer

Z u b e r e i t u n g

1. Kichererbsen abtropfen und Süßkartoffeln in Scheiben schneiden.

2. Dinkel nach Packungsanleitung zubereiten.

3. Süßkartoffeln und Kichererbsen mit Pflanzenöl, Zitronenabrieb, Salz und Pfeffer vermengen.

4. Möhren raspeln, Gurke in Scheiben schneiden und Tomaten vierteln.

5. Sonnenblumenkerne rösten und Rucola waschen und abtropfen lassen.

6. Senf, Sesamsamen, Essig, Olivenöl, 1 EL Wasser, Agavendicksaft, Salz und Pfeffer zu einer Sauce vermengen und über die anderen Zutaten geben.

Vegane Reis Bowl

Portionen: 2 | Vorbereitung: 2 min | Zubereitung: 35 min

Zutaten

100 g Jasmin Reis
1 Karotte
150 g Gurke
3 Radieschen
180 g geräucherter Tofu
100 g Rotkohl

1 EL Pflanzenöl
Currypulver
1 Knoblauchzehe
½ Zitrone
2 EL Tahin
1 EL Agavendicksaft

1 Bund Koriander
Salz
Pfeffer
Chiliflocken

Zubereitung

1. Reis nach Packungsanweisung zubereiten.
2. Gurke würfeln, Rotkohl raspeln, Karotte in feine Streifen schneiden, Tomaten und Radieschen vierteln.
3. Tofu würfeln und mit etwas Öl in der Pfanne knusprig braten. Mit Currypulver und Pfeffer würzen.
4. Knoblauch und Koriander hacken und mit Zitronensaft, Tahin und Agavendicksaft vermengen.
5. Die Sauce über die anderen Zutaten geben und genießen.

Grüne Cashew Bowl

Portionen: 2 Vorbereitung: 2 min Zubereitung: 25 min

Zutaten

100 g Kichererbsen
60 g Quinoa
1 EL gehackten Ingwer
½ Süßkartoffel
1 EL Olivenöl
1 Avocado
150 g Cherrytomaten
50 g Blattspinat
1 Handvoll Cashewkerne
½ Zitrone
1 EL Apfelessig
Pfeffer
Salz
Chiliflocken

Zubereitung

1. Kichererbsen abtropfen. Mit Olivenöl und Gewürzen vermengen und bei ca. 200 Grad für 20 Minuten in den Backofen geben.
2. Quinoa nach Packungsanweisung zubereiten.
3. Süßkartoffeln würfeln und zusammen mit Ingwer, Salz und Pfeffer scharf anbraten und anschließend noch einige Minuten bei geringer Hitze garen lassen.
4. Avocado in Streifen schneiden, Tomaten halbieren, Spinat waschen und Cashewkerne hacken.
5. Zitronensaft, Apfelessig, Salz, Pfeffer, Chiliflocken und etwas Olivenöl zu einem Dressing vermengen.
6. Das Dressing über die Zutaten geben und die Bowl genießen.

Tempeh Erdnussbutter Bowl

Portionen: 2 Vorbereitung: 2 min Zubereitung: 30 min

Zutaten

70 g Erdnussbutter
100 g Tempeh
2 EL Sesamöl
3 EL Sojasauce
1 Limette
2 EL Ahornsirup
125 g Reisnudeln
1 Karotte
1 Paprika
50 g Eisbergsalat
½ Mango
1 Bund Frühlingszwiebeln
2 EL Wasser
1 Bund Koriander
Pfeffer
Salz
Chiliflocken

Zubereitung

1. Reisnudeln nach Packungsanweisung zubereiten.
2. Sesamöl, 20 g Erdnussbutter, 2 EL Sojasauce, den Saft einer halben Limette und 1 EL Ahornsirup vermengen und den Tempeh in der Mischung marinieren.
3. Den Tempeh in einer Pfanne anbraten.
4. Den Saft einer halben Limette, gehackten Koriander, 1 EL Sojasauce, Chiliflocken, 1 EL Ahornsirup, 2 EL Wasser und 50 g Erdnussbutter zu einem Dressing vermengen.
5. Eisbergsalat, Karotten, Paprika, Mango und Frühlingszwiebeln in mundgerechte Stücke schneiden.
6. Alle Zutaten anrichten und das Dressing drüber geben.

Grüne Buddha Bowl

Portionen: 2 Vorbereitung: 2 min Zubereitung: 45 min

Zutaten

40 g Weißkohl
120 g Quinoa
2 EL Wasser
1 TL Olivenöl
100 g Edamame
2 EL Tahin
1 Avocado
½ Bund Basilikum
½ Orange
2 TL Pistazien
Salz
Pfeffer
Chiliflocken

Zubereitung

1. Kohl in Streifen schneiden und mit Öl und Pfeffer vermengen. Den Kohl für 10 Minuten bei etwa 140 Grad in den Backofen geben.
2. Quinoa nach Packungsanweisung zubereiten.
3. Edamame in etwas Wasser blanchieren.
4. Gehacktes Basilikum, Saft der Orange, Wasser und Tahin vermengen und mit Salz, Pfeffer und Chiliflocken abschmecken.
5. Avocado in Streifen schneiden und Pistazien hacken.
6. Zutaten in die Bowl geben und mit der Sauce anrichten.

Bunte Thai Bowl

Portionen: 2 Vorbereitung: 2 min Zubereitung: 30 min

Z u t a t e n

200 g Reisnudeln
300 g Pak-Choi
150 g Rotkohl
1 Apfel
1 Chilischote
2 Karotten
1 TL gehackten Ingwer
½ Bund frischer Koriander
2 EL Erdnüsse
½ Dose Kokosmilch
1 EL Erdnussbutter
2 TL rote Currypaste
Pfeffer
Salz

Z u b e r e i t u n g

1. Die Reisnudeln nach Packungsanweisung zubereiten.
2. Den Kohl und die Möhren in Streifen hobeln.
3. Chili und Ingwer in einer Pfanne mit etwas Öl anrösten. Die Pak-Choi Blätter hinzugeben und andünsten.
4. Apfel in Streifen schneiden und Koriander hacken.
5. Die Kokosmilch warm werden lassen und mit Erdnussbutter und Currypaste zu einer Sauce verrühren. Mit Salz und Pfeffer abschmecken.
6. Alle Zutaten in der Bowl anrichten und mit der Sauce vermengen. Mit Koriander und Erdnüssen garnieren.

Weihnachts Bowl

Portionen: 2 Vorbereitung: 2 min Zubereitung: 55 min

Zutaten

1 Kopf Brokkoli
1 TL Zimt
4 EL Pflanzenöl
3 EL Ahornsirup
1 TL Nelken
500g Kartoffeln
50 ml Pflanzenmilch
1 EL Margarine
Muskat
500 g Rotkohl
3 EL Weißweinessig
100 g Walnüsse
2 TL Preiselbeeren
2 Handvoll Feldsalat
Pfeffer
Salz

Zubereitung

1. Die Kartoffeln schälen und etwa 30 Minuten in Salzwasser kochen.

2. Kartoffeln mit Milch, Margarine, Muskat, Salz und Pfeffer zu einem Püree zerstampfen.

3. Brokkoli in Röschen schneiden und mit kochendem Wasser blanchieren.

4. 2 EL Pflanzenöl, 2 EL Ahornsirup, Zimt, Salz und Pfeffer vermengen und den Brokkoli in der Mischung einlegen. Brokkoli auf ein Backblech geben und bei etwa 120 Grad für 15 Minuten in den Ofen geben.

5. Den Kohl raspeln und mit Essig, 1 EL Ahornsirup, 2 EL Öl, Salz und Pfeffer vermengen.

6. Die Nüsse hacken und kurz anrösten.

7. Püree, Brokkoli und Kohl in eine Bowl geben und mit den Nüssen servieren.

Linsen Curry Bowl

Portionen: 2 | Vorbereitung: 2 min | Zubereitung: 25 min

Zutaten

600 ml Gemüsebrühe
1 Knoblauchzehe
200 ml gehackte Tomaten
200 g Linsen
1 rote Zwiebel
1 EL rote Currypaste
1 TL Kreuzkümmel
1 TL Garam Masala
3 Möhren
2 EL Rapsöl
70 g Reis
1 Handvoll Cashewkerne
1 Zitrone
35 ml Wasser
1 Bund Petersilie
Salz
Pfeffer
1 Avocado

Zubereitung

1. Zwiebeln und Knoblauch hacken und in einer Pfanne anrösten. Currypaste, Kümmel und Garam Masala hinzufügen.
2. Mit gehackten Tomaten und Gemüsebrühe ablöschen.
3. Linsen hinzufügen und etwa 45 Minuten köcheln lassen.
4. Die Möhren in Streifen schneiden.
5. Den Reis nach Packungsanweisung zubereiten.
6. Öl, gehackte Cashewkerne, Zitronensaft, Wasser und gehackte Petersilie zu einem Dressing vermengen und mit Salz und Pfeffer abschmecken
7. Die Avocado in Streifen schneiden und mit den anderen Zutaten in einer Bowl anrichten.

Herbst Bowl

Portionen: 2 Vorbereitung: 2 min Zubereitung: 35 min

Zutaten

200 g Rosenkohl
200 g Möhren
1 EL Ahornsirup
1 EL Balsamico Essig
1 EL Olivenöl
1 Knoblauchzehe
2 TL Paprikapulver
100 g Hirse
200 g Räuchertofu
100 g rote Beete
20 g Petersilie
75 g Sojajoghurt
20 ml Wasser
1 Zitrone
Pfeffer
Salz
Chiliflocken

Zubereitung

1. Möhren in Streifen schneiden und mit Olivenöl, gehacktem Knoblauch, Paprikapulver, Salz und Pfeffer auf einem Backblech vermengen.
2. Rosenkohl halbieren und mit Olivenöl, Ahornsirup, Essig, Salz und Pfeffer vermengen und ebenfalls auf das Backblech geben.
3. Das Blech etwas 20 Minuten bei 120 Grad in den Ofen geben.
4. Hirse nach Packungsanweisung zubereiten.
5. Rote Beete schälen und in Scheiben schneiden.
6. Tofu würfeln und scharf anbraten.
7. Gehackte Petersilie, Joghurt, Wasser, Zitronensaft, Salz, Pfeffer und Chiliflocken zu einem Dressing vermengen und mit den restlichen Zutaten servieren.

Sushi Bowl

Portionen: 2 Vorbereitung: 2 min Zubereitung: 35 min

Zutaten

150 g Jasminreis
1 EL Reisessig
1 TL Ahornsirup
200 g Tofu
1 EL Maisstärke
200 g Gurke

1 Handvoll Rotkohl
1 Möhre
1 Handvoll Frühlingszwiebeln
1 Fleischtomate
1 TL Apfelessig

1 Avocado
1 EL eingelegter Ingwer
1 EL Sojasauce
Pfeffer
Salz
Chiliflocken

Zubereitung

1. Reis nach Packungsanweisung zubereiten. Den Reis mit Reisessig, Ahornsirup und etwas Salz abschmecken.

2. Den Tofu in Würfel schneiden und mit Maisstärke vermengen. Anschließend in etwas Öl scharf anbraten.

3. Das Gemüse Waschen und in mundgerechte Stücke schneiden und mit Apfelessig vermengen.

4. Die Avocado in Spalten schneiden.

5. Alle Zutaten mit Ingwer, Sojasauce und Chiliflocken in einer Bowl anrichten.

Vegane Buddha Bowl

Portionen: 2 Vorbereitung: 2 min Zubereitung: 25 min

Zutaten

1 Avocado
250 g Quinoa
50 g Blattspinat
250 g gegarte Kichererbsen
1 Handvoll Minze
1 Limette
3 EL Olivenöl
1 TL Sesamsamen
Paprikapulver
Pfeffer
Salz

Zubereitung

1. Quinoa nach Packungsanweisung zubereiten.
2. Avocado in Streifen schneiden.
3. Spinat und Kichererbsen abspülen.
4. Limettensaft, gehackte Minze, Olivenöl, Sesamsamen, Paprikapulver, Salz und Pfeffer zu einem Dressing verrühren.
5. Kichererbsen in einer Pfanne mit Olivenöl und Paprikapulver anrösten.
6. Alle Zutaten in einer Bowl anrichten und mit dem Dressing servieren.

Würzige Quinoa Bowl

Portionen: 2 Vorbereitung: 2 min Zubereitung: 35 min

Zutaten

100 g Quinoa
150 g Sojabohnen
1 Möhre
1 Bund Frühlingszwiebeln
150 g Rettich
1 Handvoll Cashewkerne
1 EL Pflanzenöl
150 g Tofu
1 EL Sojasauce
½ Zitrone
1 EL Tahin
3 TL Reisessig
150 g Sojajoghurt
Pfeffer
Salz
Chiliflocken

Zubereitung

1. Quinoa nach Packungsanweisung zubereiten.
2. Rote Bete würfeln und unter den Quinoa heben.
3. Sojabohnen nach Packungsanweisung zubereiten.
4. Das Gemüse in mundgerechte Stücke schneiden.
5. Cashewkerne in einer Pfanne anrösten. Tofu würfeln und ebenfalls in die Pfanne geben
6. Sojasauce, Zitronensaft, Tahin, Reisessig, Sojajoghurt, Salz, Pfeffer und Chiliflocken zu einem Dressing vermengen.
7. Die Zutaten in einer Bowl anrichten und mit dem Dressing servieren.

Vegane Poké Bowl

Portionen: 2 Vorbereitung: 2 min Zubereitung: 40 min

Zutaten

125 g Reis
50 g Blattspinat
60 g Eisbergsalat
50 g Rotkohl
1 Handvoll Sprossen

300 g Mango
1 Möhre
½ Avocado
2 EL Sojasauce
120 g geräucherter Tofu

3 TL Sesamöl
1 EL Balsamico
1 EL Erdnüsse
Pfeffer
Salz

Zubereitung

1. Der Reis nach Packungsanweisung zubereiten.
2. Eisbergsalat, die Möhre, die Avocado und Rotkohl in Streifen schneiden. Die Mango würfeln und den Spinat waschen und trocknen.
3. Den Tofu würfeln und in etwas Sesamöl scharf anbraten.
4. Erdnüsse hacken und mit etwas Sesamöl und Balsamico vermengen.
5. Alle Zutaten in einer Bowl anrichten und mit der Balsamicomischung beträufeln.

Bunte Cashew Mango Bowl

Portionen: 2 Vorbereitung: 2 min Zubereitung: 45 min

Z u t a t e n

100 g Couscous
½ Kopf Brokkoli
½ Mango
1 EL Apfelessig
50 g Rotkohl
½ Limette
50 g Cashewkerne
Currypulver
Paprikapulver
3 TL Ahornsirup
Pfeffer
Salz

Z u b e r e i t u n g

1. Couscous nach Packungsanweisung zubereiten.
2. Den Brokkoli in Röschen schneiden, die Mango würfeln und beides miteinander vermengen. Mit Apfelessig, Salz und Pfeffer abschmecken.
3. Rotkohl in Streifen schneiden und mit Currypulver, Salz, Pfeffer und Apfelessig abschmecken.
4. Die Cashewkerne in einer Pfanne anrösten, Mit Limettensaft, Paprikapulver, Salz, Pfeffer und Ahornsirup vermengen und noch kurz weiter rösten.
5. Alle Zutaten in einer Bowl anrichten und servieren.

Impressum

Lisa Reisenbacher wird vertreten durch:
Ogulcan Alkan
Münsterstraße 42
52076 Aachen

1. Auflage, 2022
Kontakt: Business-Ogulcan@web.de
Coverfoto: www.depositphotos.com
Covergestaltung: www.fiverr.com
Images: „Freepik.com – Die Vektoren wurden mit Ressourcen von Freepik.com erstellt

Haftungsausschluss

Die Umsetzung aller enthaltenen Informationen, Anleitungen und Strategien dieses Buches ist auf eigene Gefahr. Für jeglichen Schaden kann der Autor aus keinem Rechtsgrund eine Haftung übernehmen. Haftungsansprüche gegen den Autor für Schäden materieller oder ideeller Art, die durch die Nutzung oder Nichtnutzung der Informationen bzw. durch die Nutzung fehlerhafter und/oder unvollständiger Informationen verursacht wurden, sind grundsätzlich ausgeschlossen. Rechts- und Schadenersatzansprüche sind daher ausgeschlossen. Das Werk inklusive aller Inhalte wurde unter größter Sorgfalt erarbeitet. Der Autor übernimmt keine Haftung für die Aktualität, Richtigkeit und Vollständigkeit der Inhalte des Buches, ebenso nicht für Druckfehler. Es kann keine juristische Verantwortung sowie Haftung in irgendeiner Form für fehlerhafte Angaben und daraus entstandenen Folgen vom Autor übernommen werden.

Urheberrechtsschutz

Printed by Amazon Italia Logistica S.r.l.
Torrazza Piemonte (TO), Italy

52309857R00058